ISAREIS

 *A Ordem*

Itapira, 2017

A Ordem

Copyright @2017 por Isa Reis

Coordenação Editorial:	Eneas Francisco
Revisão:	Angélica Pina
Diagramação:	UPBooks
Fotografia:	Fábio Rickman
Colaboração:	Carla Montebeler
	Vand Pires
Capa:	Charles Santos
	Agência Iddeia Simples

UPBooks é Um Selo:
Casa Publicadora Bereana Ltda ME
Rua Francisco Otaviano Queluz, 103
Itapira - SP - CEP 13976-508
(19) 98287-2935
WWW.UPBOOKS.COM.BR

Dados Internacionais de Catalogação na Publicação (CIP)

(eDOC BRASIL, Belo Horizonte/MG)

R347o
    Reis, Isa, 1982-
        A ordem / Isa Reis. – Itapira (SP): UPBooks, 2017.
        64 p. : 14 x 21 cm

        ISBN 978-85-66941-48-7

        1. Bíblia. 2. Histórias bíblicas. 3. Jonas, Profeta. I. Título.
                               CDD-224.9209505

Para Geldi, Alexandre, Gabriel e Isadora.

Sumário

AGRADECIMENTOS

Ao meu Senhor e Salvador Jesus Cristo, minha gratidão e louvor por todas as suas dávidas e pela sua infinita graça que me alcançou.

Ao meu marido, Pastor Geldi Batista pelo apoio constante e por ser um porto seguro. Você é um presente de Deus.

Aos meus amados filhos Alexandre, Gabriel e Isadora, por enriquecerem minha vida de forma tão extraordinária.

À toda a minha equipe de colaboradores por me permitirem realizar o que realizo com paz e tranquilidade.

À minha mãe, Jandira Reis, por me apoiar com tanta dedicação e pelo cuidado singular para comigo e com minha família.

À Editora UPBooks pela parceria que, com a graça de Deus, irá alcançar pessoas além do que jamais imaginamos.

A todos os homens e mulheres de Deus espalhados por este país que semana após semana me recebem para compartilhar a transformadora Palavra de Deus!

Deus abençoe a todos,

Isa Reis
Agosto de 2017

PREFÁCIO

É com imenso prazer e alegria que prefacio este belíssimo trabalho literário que certamente revolucionará a visão do leitor acerca dos benefícios do perdão e do agir de Deus quando nos submetemos a Ele.

A autora é alguém que conheço bem. Sendo minha esposa, posso garantir sua integridade moral e sua dedicação à obra do Mestre; o que tornam suas palavras de profundo impacto e de grande intensidade.

Minha oração é que você, leitor, aproveite esta leitura e usufrua das bênçãos advindas da obediência a Deus.

Pastor Geldi Batista

INTRODUÇÃO

Levanta-te, vai à grande cidade de Nínive, e clama contra ela, porque a sua malícia subiu até à minha presença. Porém, Jonas se levantou para fugir da presença do Senhor para Társis. E descendo a Jope, achou um navio que ia para Társis; pagou, pois, a sua passagem, e desceu para dentro dele, para ir com eles para Társis, para longe da presença do Senhor. Jonas 1:2,3

Há alguns dias eu venho dedicando meu tempo para entender o que Deus quer que eu compartilhe com você a respeito da vida de Jonas. Particularmente, quando me sentei com Jesus para meditar neste tema, parecia que eu estava diante de um espelho. Deus falou comigo sobre coisas que as pessoas não falariam. Mas como ninguém coloca mordaça na boca de Deus, dizendo: "não fale assim comigo", a gente tem que sentar, baixar a guarda e dizer: "sou eu, não é, Senhor? É de mim que o Senhor está falando!".

Há algum tempo, eu ouvi a Pastora Marvi Ferreira pregando e ela dizia que todo crescimento é precedido por dores; e que adolescente em fase de crescimento queixa-se de dores. Foi uma lição para nunca mais esquecer.

Quando Deus quer tratar alguma coisa aqui dentro do nosso peito, Ele nos submete a certas circunstâncias e nos expõe para tratar; quando Deus quer alterar alguma coisa dentro de mim, Ele vai me conduzindo por um processo. Eu não consigo entender porquê, e fica mais claro o que Ele disse a Pedro: *"o que estou fazendo você não entende agora, mas vai entender depois"*. O processo da cura de Jonas começa através de uma ordem. Deus disse: Jonas, levanta. Vai à grande cidade de Nínive e clama contra ela. Jonas, clama contra a malícia daquela cidade; suas prostituições e feitiçarias; a idolatria, abandono da verdade e sua exploração comercial. Deus tinha uma lista enorme contra Nínive. Tudo aquilo havia chegado diante dEle e cheirava mau, e Ele estava pronto para destruir aquela cidade.

A ordem de Deus para Jonas era esta: levanta! Vai àquela cidade e não adie. É depressa. Pare tudo agora! Levanta e vai!

Você não precisa ter medo. Você não precisa empostar a voz para ser convincente. Entregue a minha Palavra e deixe que eu vou cuidar das consequências. A mensagem não vai ser muito fácil para você, mas eu quero que você diga o seguinte: o prazo que estou dando a Nínive é de 40 dias. Ou se arrependem e mudam ou eu vou destruir a cidade. Só que, de repente, Jonas começa a raciocinar. Juízo? Como esperei isso acontecer! Dizer que têm prazo de 40 dias e se não mudar vão morrer? Que notícia boa! Mas o coração dele cogita: e se eles se arrependerem? E se mudarem? Sabe de uma coisa:

vou ao banco. Ali ele tirou um extrato e disse para si mesmo: o que eu tenho aqui dá para eu fazer um cruzeiro. Vou para Társis. Vou para a Europa; passar um tempo por lá.

Jonas pegou o dinheiro e, ao chegar ao porto de Jope, pagou a passagem; encontrou um lugar no porão e deitou-se. Foi dormir como se sobre sua vida não tivesse uma ordem, um chamado de Deus; uma missão.

Jonas simplesmente faz de conta que não ouviu. Se eu não quero ir, não vou. Não quero ver aquele povo na minha frente. E eu quero ver quem vai me forçar a ir. Eu tenho dinheiro, então vou para onde eu quiser. Vou para a Espanha e ninguém me questiona.

O que é impressionante é que Deus não fez nada para bloquear. Jonas não perdeu o navio e não chegou atrasado; ele não ficou preso no trânsito. Deus deixou as coisas acontecerem.

A pergunta é: por que Deus não bloqueou os planos de Jonas? Certamente para lhe dar uma lição. Primeiro, Deus nem sempre está no meio daquilo que dá certo. Nem tudo o que funciona é aprovado por Deus. O que isso quer dizer? É uma mensagem para quem tem consciência do que é a verdadeira vontade de Deus; para quem sabe exatamente o que Deus quer, mas teima em seguir na direção oposta. Deus sempre tem um jeito de nos dizer: você pode ir do seu jeito, mas eu vou te encontrar do meu.

Eu não vou bloquear seu plano. Vou deixar você ir. Alguém diz assim: "Deus dá linha, mas não solta o carretel"; chega uma hora em que Ele dá um basta.

Certamente não foi em vão que você tomou este livro em suas mãos. Certamente Deus está trabalhando para te trazer de volta para o centro da vontade Dele. Como Ele pode ter dito para Jonas: "eu vou deixar você ir, pois sei exatamente os caminhos para tratar você".

Há 120 mil pessoas te esperando e a mensagem não é para massagear ninguém. Eu confio em você. Vai! Jonas preferiu fingir que não estava ouvindo a voz de Deus.

Mas ninguém ignora a Deus para sempre.

Não Pague
Para Ver...

Pela opressão dos pobres, pelo gemido dos necessitados me levantarei agora, diz o Senhor; porei a salvo aquele para quem eles assopram. Salmos 12:5

Há alguns dias eu estava numa cidade da Bahia e, enquanto eu pregava, Deus me mandava dizer a seguinte frase: "não pague para ver o que Deus é capaz de fazer para defender alguém".

Notei que o pastor começou a chorar. Um de seus filhos estava ao meu lado esquerdo. Ele atravessou a igreja toda, foi lá no canto onde a irmã dele — que era a coordenadora — estava e a agarrou; e ela não parava mais de chorar. De repente, outros irmãos começaram a se levantar chorando... Eu não achei que a frase promoveria tanto impacto, pelo simples fato de não saber o que estava acontecendo. E Deus continuava dizendo: "Não pague para ver o que Deus é capaz de fazer para defender alguém. Cuidado com a sua língua, para não ficar sem ela". Foram exatamente essas palavras, que estão registradas em DVD para não dizerem que estou inventando.

O que eu não sabia é que aquele dia era o início do prazo que Deus estava dando para alguém mudar; rever os seus conceitos; puxar o freio de mão e mudar as atitudes.

Um presbítero estava promovendo dissenção na igreja. Quando Deus disse "cuidado com sua língua", é porque já tinha visto o estrago que a língua dele estava causando. Sabe o que é impressionante? Sete dias depois ele foi atropelado e morreu com a língua presa entre os dentes. Ninguém subestima Deus para ficar em paz. Assim como eu não fui chamada para brincar de pregadora e você não existe para brincar de filho de Deus, a Palavra para você é muito direta: é melhor não ignorar a Deus, porque Ele sabe de tudo e está esquadrinhando a cada coração.

Você pode fingir que não ouviu um conselho meu; pode fazer com que ele entre por um ouvido e saia pelo outro. Pode viver a sua vida fazendo de conta que nada tenha acontecido. Mas, se Deus está falando através deste livro, o mesmo Espírito que está trabalhando em mim vai te acompanhar e vai continuar trabalhando aí dentro. Não podemos brincar, pois Ele não economiza quando precisa nos dar um tratamento de choque. Parafraseando o que Deus disse para Isaías: "as feridas do meio do meu povo, sobre as quais não se pode colocar um band-aid, vou ter que espremer como alguém espreme um tumor, para arrancar o que não presta".

Há feridas no meio do povo de Deus que não dá para massagear. É só com bisturi mesmo! Tratamento de choque.

Ou muda ou morre. Simples assim.

AUTOANÁLISE

ANOTAÇÕES

Alinhados à Vontade de Deus

Porém, Jonas se levantou para fugir da presença do Senhor para Társis. E descendo a Jope, achou um navio que ia para Társis; pagou, pois, a sua passagem, e desceu para dentro dele, para ir com eles para Társis, para longe da presença do Senhor. Mas o Senhor mandou ao mar um grande vento, e fez-se no mar uma forte tempestade, e o navio estava a ponto de quebrar-se.
Jonas 1:3,4

Jonas, diga ao povo as minhas palavras. Diga que vou dar um prazo e que não brinquem comigo.

Jonas escolheu outro caminho. Disfarçou, pegou seu dinheiro, pagou sua passagem, desceu para o porão do navio, deitou e dormiu. Deus então decidiu mover a natureza.

Quer dormir? "Nana, neném"; pois mais tarde você vai ter três dias para ficar acordado, sem chance de cochilar. Se você conseguir dormir, durma.

A tempestade estava assolando... era tão forte que chegou arrebentando tudo. O navio estava a ponto de rachar. E a gritaria? Cada um chamava por seu deus para acalmar a tempestade... Mas Jonas estava deitado, desfrutando de um profundo sono. A tempestade assolava o navio, todos gritavam chamando por seus deuses em pânico, mas Jonas permanecia quieto.

Como era necessário aliviar o navio, começaram a jogar as cargas ao mar. Enquanto tudo desmoronava, Jonas continuava indiferente.

A Bíblia relata que quando o mestre do navio desceu ao porão, o profeta Jonas dormia profundamente.

> *E o mestre do navio chegou- se a ele, e disse-lhe: Que tens, dorminhoco? Levanta-te, clama ao teu Deus; talvez assim ele se lembre de nós para que não pereçamos*
> *Jonas 1:6*

Cá para nós, quando alguém tem um sono pesado assim, ficar chamando pelo nome não adianta. "Fulano, acorda!", não resolve. Para alguns que dormem profundamente, só uma boa sacudida pode despertá-los.

De vez em quando, para nos acordar, Deus precisa mexer e sacudir algumas áreas das nossas vidas. Depois da sacudida, alguém começa a orar, adorar, volta para a escola bíblica e fica crente.

Certo dia, meu filho Xande tomou uma queda e bateu as partes baixas. Corremos para a emergência, mas ele não deixava ninguém tocar nele. A médica dizia que era caso de cirurgia e que ele corria o risco de não ser pai. Xande desceu do meu colo correndo, brincando, e a doutora acabou chegando à conclusão de que se fosse tão grave, ele nem estaria andando. Eu descuidei um minuto, e ele sumiu. Fiquei correndo atrás dele pelos corredores do hospital, quando, de repente, encontrei uma irmã que disse: "Você é a Isa? Ô, irmã... estou com meu neto internado, com meningite, e o médico disse que ele pode ficar com sequelas; mas já que você está aqui, não pode entrar lá e fazer uma oração por ele?" Eu pensei: "Jesus! Precisava me dar esse susto para me trazer aqui para orar? Tudo bem! Eu oro!"

Entrei no quarto onde estavam outras três ou quatro crianças e comecei a orar, pedindo a bênção de Deus sobre todas elas. Ao terminar, peguei meu filho e fui embora.

Em menos de um mês, eu estava na Vila Buenos Aires, onde congreguei tantos anos, com o pastor Samuel Marques, quando de repente, uma irmã veio até mim e disse: "Isa, você estava no Hospital do Tatuapé esses dias, não estava? Minha mãe estava lá com meu filho e o médico tinha dito que ele ficaria com sequelas; você acredita que na mesma semana meu filho teve alta? Está saudável como nunca!".

Quem tiver ouvidos para ouvir, ouça o que o Espírito diz à igreja. Se precisar, Deus vai te dar uma sacudida, uma apertadinha; mas vai te alinhar ao centro da vontade dEle.

AUTOANÁLISE

É Mais Forte Que Você!

E o mestre do navio chegou- se a ele, e disse-lhe: Que tens, dorminhoco? Levanta-te, clama ao teu Deus; talvez assim ele se lembre de nós para que não pereçamos. E diziam cada um ao seu companheiro: Vinde, e lancemos sortes, para que saibamos por que causa nos sobreveio este mal. E lançaram sortes, e a sorte caiu sobre Jonas. Então lhe disseram: Declara-nos tu agora, por causa de quem nos sobreveio este mal. Que ocupação é a tua? Donde vens? Qual é a tua terra? E de que povo és tu? Jonas 1:6-8

Você quer dormir? Está se sentindo exausto? Oi... Uma sacudida. Como você pode estar apegado ao sono desse jeito? Qual teu nome? De onde você vem? O que é que você faz da vida?

Começaram a questionar a Jonas. Atente para o texto bíblico. Ele está fugindo da presença de Deus e tudo o que Jonas menos quer é ser lembrado de coisas da eternidade. Ele não quer ver Amós. Não quer saber de seus profetas conterrâneos; está numa embarcação repleta de pessoas ímpias; adoradores de outros deuses. Ele prefere dormir para não ter que se comunicar. Mas, de repente, alguém desce até onde ele está e começa a questionar: quem é você?

Você vai mentir?

Levanta. Clama ao teu Deus.

Quanta ironia! Jonas quer se esquecer, mas Deus fica o cercando.

Sabe quando você fica assim? Eu não quero assunto de reino, de liderança; estou ferido com tudo o que fizeram comigo. Isso não se faz. Eu não quero mais que toquem neste assunto; não citem meu nome e por favor, façam de conta que não estou aqui!

Mas Deus vai cercando: quem é você?

Clama ao teu Deus!

Eu sou Jonas. Sou hebreu. E sirvo ao Deus que fez a terra, fez o mar... Ele nem percebeu e já estava pregando! Ele não percebe, mas já está envolvido. É mais forte do que ele. E é mais forte que você também. Mesmo quando você não quer, Deus continua te cercando.

Outro dia, num voo, uma senhora ficou puxando assunto:

- Oi.

- Oi — respondi. Coloquei os óculos e reclinei a poltrona.

- De onde você vem?

- Do mesmo lugar que a senhora — respondi.

- Qual seu nome? O que você faz da vida? Ganha muito dinheiro?

- Sou missionária.

- E o seu marido?

- Meu marido é pastor.

- Ah, é? Sou católica. Qual a diferença...

Eu disse "Senhor, já estou pregando há três dias!".

Voltemos a Jonas...

Não que eu queira tocar no assunto, mas sei que por minha causa vos sobreveio todo este mal. O meu Deus, que fez céu, terra e mar, é o Deus que está mexendo ao redor. Eu sei onde Ele me quer, e sei que a culpa é minha.

De repente, todos foram tomados por um temor. Só de ver o tratamento de Deus na vida de Jonas, a tripulação inteira começou a temer. Começaram a esquecer seus deuses e a invocar o Deus daquele Jonas. Ouça bem: eles deixaram de clamar a seus deuses e começaram a invocar o Deus de Jonas. Ele estava fugindo de Deus, mas, de repente, só o tratamento de Deus em sua vida trouxe temor ao redor e moveu a vida das pessoas que estavam com ele.

Então clamaram ao Senhor, e disseram: Ah, Senhor! Nós te rogamos, que não pereçamos por causa da alma deste homem, e que não ponhas sobre nós o sangue inocente; porque tu, Senhor, fizeste como te aprouve. Jonas 1:14

Talvez você não tenha percebido o quanto você está marcado por Deus. Talvez você ainda não tenha se dado conta de que até o tratamento de Deus na sua vida está alcançando pessoas na sua casa; tem gente ao redor assombrada com o que Deus está fazendo em você.

Talvez você não esteja entendendo e pergunta "Por que Deus não me deixa? Por que Ele insiste tanto comigo?". E Ele te diz: Eu te escolhi e nomeei e te disse: vai!

É mais forte do que você. Lembre-se do que disse Jeremias:

> *Então disse eu: Não me lembrarei dele, e não falarei mais no seu nome; mas isso foi no meu coração como fogo ardente, encerrado nos meus ossos; e estou fatigado de sofrer, e não posso mais. Porque ouvi a murmuração de muitos, terror de todos os lados: Denunciai, e o denunciaremos; todos os que têm paz comigo aguardam o meu manquejar, dizendo: Bem pode ser que se deixe persuadir; então prevaleceremos contra ele e nos vingaremos dele. Mas o Senhor está comigo como um valente terrível; por isso tropeçarão os meus perseguidores, e não prevalecerão; ficarão muito confundidos; porque não se houveram prudentemente, terão uma confusão perpétua que nunca será esquecida. Jeremias 20:9-11*

Conheci um pastor em São Paulo que estava tão frustrado que decidiu se desviar. "Fui!", disse ele. Decidido a ficar fora de circulação, certa noite foi para uma boate.

Arrumou-se, todo gatinho, e saiu de casa. Entrou na boate e, entre aquelas luzes, ele avistou uma moça, mas ela não dava a mínima para ele. Depois de tanto ele insistir, ela decidiu se aproximar. Ao chegar mais perto, ela disse: "meu pastor!" E então caiu no choro! Ela dizia: "eu não acredito que o senhor teve coragem de entrar aqui para me buscar... era por isso que o senhor estava me chamando".

A menina começou a chorar e disse: "vou pegar as coisas e já vou com o senhor", e ele respondeu: "vá, minha filha... foi Jesus quem mandou! Isso aqui não é ambiente para você, não. Vamos embora!"

Um homem tão marcado por Deus como ele, "nem para desviar presta!"

Este pastor é um grande líder e influenciador no Reino de Deus e em sua igreja há vários pregadores que estão ganhando almas para Jesus.

Você está tão marcado por Deus, que não presta para desistir! Você foi fisgado, Jonas. Você está na rede dEle!

E isso é bem mais forte do que você. Há uma chama acesa no teu coração. Volta para tua Nínive!

AUTOANÁLISE

JONAS ROMPE O SILÊNCIO

*Então clamaram ao Senhor, e disseram: Ah, Senhor!
Nós te rogamos, que não pereçamos por causa da alma
deste homem, e que não ponhas sobre nós o sangue
inocente; porque tu, Senhor, fizeste como te aprouve.
E levantaram a Jonas, e o lançaram ao mar, e cessou o
mar da sua fúria. Jonas 1:14,15*

Quem diz que eu vou? Eu não vou! Eu tenho uma ideia.
Sei que a culpa é minha e tenho uma solução. Qual a
ideia, Jonas? Me lancem ao mar! Assim, eu morro e livro vocês; e ainda não vou precisar ver *aquela raça*.

Jonas tinha certeza que iria morrer. Como estavam em al-
to-mar, preferia a morte. Preferia ser afogado com todos seus
dons e talentos do que doar-se para quem ele não tolerava.

Eu quero morrer; podem me jogar. Eu mesmo não tenho
coragem de me jogar. Mas me joguem.

Um dia desses, em Salvador, vi um moço na ponte dizendo: eu vou me matar... Mas estava só fazendo drama! Mas Jonas, estava decidido: eu vou morrer, mesmo que não tenha coragem de me matar. Alguém terá que me jogar.

Agora, vejam a coisa extraordinária que aconteceu: os homens que estavam prontos para lançarem Jonas decidiram começar a orar.

Jonas, que estava fugindo, acabou "caindo" numa reunião de oração com um monte de novo convertido. Vamos jogar!

O pensamento de Jonas era que assim que eles o lançassem, ele logo morreria em meio à tempestade.

Todavia, Deus olhava do céu e dizia: "não vai morrer, não!".

Ele tinha tudo para morrer, mas não morreria. Nem que clamasse.

Creio que neste instante Deus está falando com você. Especialmente se você, neste momento, for daqueles que preferem a morte a ter um reencontro.

Mas Deus está preparando o reencontro. Exatamente. Ele está falando contigo; Ele quer trazer cura para você e desse reencontro você não terá como escapar.

Talvez você esteja evitando um reencontro passando para o outro lado da rua; talvez, ao ver que *alguém* está no elevador, você escolhe subir as escadas, mesmo que sejam oito andares.

Mas Ele te cercou, e será difícil não pedir perdão.

O meu argumento pode não te convencer, mas o Espírito que é Santo e está trabalhando e se movendo é irresistível. A Palavra de Deus para você é esta mesmo. Ele está te confrontando para te sarar. Esta mensagem não é para divertir bodes, mas para alimentar ovelhas que querem a vontade de Deus cumprida em suas vidas.

Para Jonas, a solução havia sido encontrada. Era só reconhecer: "a culpa é minha" e estaria tudo resolvido. Ele tinha tudo para morrer, mas... o peixe lhe deu as boas-vindas.

Primeiro dia: Jonas calado, de olho no movimento.

Segundo dia: Jonas calado. De olho no movimento.

A história registra o que aconteceu com um homem chamado James Bartler no ano de 1891. James era um pescador e foi engolido por um grande peixe. Uma baleia cachalote. Ele descreveu que durante as 15 horas que ficou dentro do peixe, pôde sentir os peixes passando por entre seus dedos na escuridão. Quando o encontraram, após a baleia ter sido capturada com o estômago se remexendo, viram que James estava vivo lá dentro. Depois disso, os pelos do seu corpo não cresceram mais e sua aparência ficou embranquecida; sua visão foi comprometida e ficou um mês com problemas psicológicos.

Todavia, Jonas ficou por três dias; e totalmente consciente.

No terceiro dia, ele rompeu o silêncio com um grito: Deus!

"Eu achei que poderia ter sido lançado da sua presença. Na minha tolice, achei que podia te ignorar. Estou vivo aqui dentro... mas a sensação que tenho é de estar sepultado. Sinto as algas enrolando minha cabeça. Tua providência fez este peixe se alimentar e, porque este peixe se alimentou, já é o terceiro dia e não tem suco gástrico para me destruir aqui dentro. De forma milagrosa, estou vivo neste ventre e me lembro do voto que eu te fiz; eu não sei como vou sair daqui, mas vou sair daqui e louvar teu nome e vou pagar meu voto."

Talvez agora você tenha conseguido entender. Precisou de ventre de peixe para refrescar a memória.

Precisou de ventre de peixe para fazê-lo cair na real e lembrar-se da promessa do "eis-me aqui, Senhor. Podes me usar. Me envia onde o Senhor quiser...". Frequentar conferências é muito bom. Geralmente estamos entre amigos, mulheres e homens de Deus. Mas, desafiador mesmo é ter que enfrentar Nínive. "Para lá eu não vou. Deus está me contrariando". Prepare-se, pois se Deus está te contrariando é para te sarar. Você precisa estar disposto para cumprir o propósito de Deus. Se você prometeu fidelidade, deve estar disposto a honrar.

Não espere o ventre do peixe; não espere pela dor para ceder. Pois aquilo que eu não deixei Deus tratar ontem, amanhã, de algum modo, Deus vai tratar.

Você lembra do povo de Israel? Eles tomaram posse da terra prometida; e, certamente, gritaram: "Deus é fiel! Promessa cumprida. A terra é nossa!"

Mas Deus disse a Josué: estão na terra que eu prometi, mas muitos não estão circuncidados; a prova da aliança comigo não está feita e o compromisso comigo está quebrado.

Arma esta tenda e, quem quiser permanecer na terra com aliança comigo, que enfrente a fila e passe pela circuncisão.

Naquele tempo disse o Senhor a Josué: Faze facas de pedra, e torna a circuncidar segunda vez aos filhos de Israel. Então Josué fez para si facas de pedra, e circuncidou aos filhos de Israel no monte dos prepúcios. E foi esta a causa por que Josué os circuncidou: todo o povo que tinha saído do Egito, os homens, todos os homens de guerra, já haviam morrido no deserto, pelo caminho, depois que saíram do Egito. Porque todos os do povo que saíram estavam circuncidados, mas a nenhum dos que nasceram no deserto, pelo caminho, depois de terem saído do Egito, haviam circuncidado. Porque quarenta anos andaram os filhos de Israel pelo deserto, até se acabar toda a nação, os homens de guerra, que saíram do Egito, e não obedeceram à voz do Senhor; aos quais o Senhor tinha jurado que lhes não havia de deixar ver a terra que o Senhor jurara a seus pais dar-nos; terra que mana leite e mel. Porém em seu lugar pôs a seus filhos; a estes Josué circuncidou, porquanto estavam incircuncisos, porque os não circuncidaram no caminho. E aconteceu que, acabando de circuncidar a toda a nação, ficaram no seu lugar no arraial, até que sararam. Josué 5:2-8

Fizeram *aquela* fila na porta da tenda. Josué estava com as facas na mão para circuncidar. A Bíblia está dizendo que eles passaram uma semana tristes, amuados por conta da circuncisão que era para ser feita quando eram crianças. Ia doer, mas ia passar. Todavia, como foram adiando... eles cresceram e piorou.

Tudo aquilo que eu não quiser tratar hoje, amanhã tem um Josué com o bisturi na mão... e se eu quiser permanecer na terra, terei que deixar Deus me tratar. Se eu quiser provar que tenho um compromisso com Ele, terei que enfrentar esta fila. Lá vai. Bisturi na mão...

Apesar do processo cirúrgico que eles enfrentaram, a Bíblia diz que depois dessa semana de vergonha e de dor, eles foram para a guerra e prevaleceram na batalha.

Se alguém quiser prevalecer, terá que aprender a deixar Deus tratar o que precisa ser tratado. Problemas no caráter, espírito de rebelião e tudo o que se levanta contra a Palavra de Deus. Uma hora dessas Deus vai levantar alguém com o bisturi na mão para tratar essas questões, e juntos glorificaremos a Deus por este acontecimento.

AUTOANÁLISE

ANOTAÇÕES

Foi Por Pouco

*Mas eu te oferecerei sacrifício com a voz do agradeci-
mento; o que votei pagarei. Do Senhor vem a salvação. Falou, pois, o Senhor ao peixe, e este vomitou a
Jonas na terra seca. Jonas 2:9,10*

Jonas chegou ao ponto que Deus queria. Ele gritou, e Deus
gostou. Peixe, libera o Jonas!

Se o peixe pudesse falar, ele diria: "Ainda bem! Há três dias
que estou enjoando, querendo colocar este homem para fora!"
Mas Deus dizia: "Segura!". Não joga, não. Deixe-o aí.

Finalmente, quando chegou ao ponto que Deus queria, Ele
deu a ordem: "é hora de vomitá-lo".

Jonas foi lançado para fora do peixe intacto. Graças a
Deus, o peixe engoliu, mas não mastigou.

A situação tragou, mas não triturou.

Onde precisava quebrar, Ele já estava quebrando.

Para quem é um bom entendedor da voz de Deus, fica fácil entender. Especialmente se você já foi engolido mas ainda está aqui, intacto. O carro deu perda total, mas você está aqui. Foi por um triz, mas você sobreviveu. Foi por pouco.

Jonas disse: "já estava desfalecendo a minha alma. Eu estava quase morrendo". Faltou pouco. Mas ele cedeu a tempo e sua resistência foi quebrada. Deus sabe muito bem como fazer as coisas.

Você está pronto, Jonas? Prepare-se, pois agora você terá que encarar aquele povo e cumprir com a missão que eu lhe dei... e lá vai Jonas.

"Nínive! Assim diz o Senhor:

40 Dias! Ou muda, ou morre.

Convertam-se dos vossos maus caminhos. Mudem!

O prazo de Deus é quarenta dias".

E ele seguia clamando pelas ruas da cidade.

Até que o rei da cidade o ouviu e decidiu não pagar para ver; tirou suas vestes reais, se cobriu de pano de saco e foi para o pó.

De repente, um se arrepende ali, outro se arrepende acolá. E o povo começa a se dobrar, clamando "eu me arrependo!"

O sentimento de arrependimento foi tomando conta de todos eles. A palavra de Deus trouxe temor ao coração daquele povo. A palavra de Deus é insubstituível. Às vezes, dá vontade de chorar pela realidade do nosso cristianismo. As pessoas fazem tantas programações... gastam horrores com tantas coisas para ficar três ou quatro horas cantando e cantando; depois oferecem quinze minutos compactos, dizendo ao pregador: "prega depressa" e querem resultados imediatos. Louvar é muito bom. Especialmente porque sabemos que Deus habita em meio aos louvores do seu povo, mas o alimento — a Palavra — é insubstituível. Deus está nos convidando a parar de historinha; Deus está procurando alguém que tenha a Palavra que vem do alto; Palavra que vem transformar e convencer. É dessa Palavra que estou falando!

AUTOANÁLISE

O PODER
TRANSFORMADOR
DA PALAVRA

E os homens de Nínive creram em Deus; e proclama-
ram um jejum, e vestiram-se de saco, desde o maior
até ao menor. Esta palavra chegou também ao rei de
Nínive; e ele levantou-se do seu trono, e tirou de si as
suas vestes, e cobriu-se de saco, e sentou-se sobre a cin-
za. Jonas 3:5,6

Se você já foi transformado pela Palavra, sabe bem do que vou falar agora.

Um dia, estávamos num culto de ensino na igreja onde meu esposo era pastor. Eu dei alguns recados antes dele pregar, e logo uma irmã veio me dizer que a irmã fulana caiu com o irmão ciclano. E afirmou: "se eles não confessarem, eu já vou logo sair falando". Quando olhei para a porta e vi a tal moça, comecei a orar. O Pastor Geldi começou a pregar.

De repente percebi que a Palavra estava começando a entrar. A moça começou a se contorcer. De repente, ela se levantou e foi ao banheiro. Quando cheguei à porta do banheiro, eu a ouvi gritando: Que Palavra, missionária! Sou eu! Eu pequei e não queria confessar. Estou me sentindo tão suja. Não posso nem me tocar. Estou arrasada. "Graças a Deus", eu disse.

"Eu me preocuparia se você dissesse isso rindo, como se fosse a coisa mais natural do mundo. Essa tristeza é sinal de que ainda existe alguma coisa da eternidade dentro de você. Quem é nascido de Deus não vive na prática do pecado e, quando peca, fica triste. Ovelha cai na lama e fica relutando para sair de lá, porque não é o ambiente dela. O porco não reage assim; você dá banho, coloca joias e ele volta para a lama outra vez; ele ama estar na sujeira. Mas quem ama a Deus não; ama ficar limpo". Então disse a ela: "Daqui a pouco o Geldi vai parar de pregar, e quando acabar o culto a gente conversa, ok? Me dá um abraço".

Orei por ela e, após o culto, nos sentamos e a aconselhamos a buscar o que estava faltando em sua caminhada cristã, e que resultou em sua queda: oração, vigilância e escola bíblica.

Aquela moça foi disciplinada e, durante o período da disciplina, Deus a batizou com o Espírito Santo.

Você consegue entender que a Palavra de Deus nunca deixa de produzir aquilo para o que está sendo enviada? Ela é poderosa para fazer muito além do que estamos pedindo.

* * * * *

Outro dia, depois de pregar numa determinada igreja, uma irmã muito educada veio falar comigo e muito polidamente me perguntou se eu poderia jantar em sua casa após o culto. Eu disse: "Ô, irmã, vai depender da organização, do pastor...".

"Não, irmã", ela respondeu. "Vai todo mundo lá pra casa". Então fomos todos para a casa dela.

Quando eu entrei na casa, me vi tentada a falar da decoração — muito bonita por sinal — e não demorou muito para eu entender: a isca era o jantar. Deus tinha alguma coisa para fazer ali.

Jantamos e demos muita risada. Num dado momento, ela foi para a porta do quarto; pedi licença ao pessoal e fui ao encontro dela. Quando me sentei, ela, que estava toda maquiada e toda "poderosa", permitiu-se desabar.

Ela chorava de não se aguentar e dizia: "Isa, esse senhor que eu digo que é meu marido... moro com ele e tenho esse filho com ele. Recentemente levamos um golpe de 13 milhões de reais. Mas eu estou te chamando aqui não é para chorar pelos treze milhões. E sim porque hoje, no culto, quando ouvi aquela palavra, eu me atentei para a minha condição. Eu perdi a minha salvação. Só que hoje quero que você ore por mim, pois o que tiver que consertar em minha vida, eu vou consertar. Eu quero pelo menos um terço do que Deus colocou em você. Vou me consertar. Eu quero o céu de volta!"

Que oração linda! "Eu quero o céu de volta!"

Isso só me faz pensar que não temos outra responsabilidade senão entregar a Palavra. Abrir a boca e profetizar a Palavra de Deus.

Permita Deus encher seu coração com a Palavra do alto. Deixe o Espírito Santo encher a sua boca, como naquele vale de ossos secos. Podem esses ossos reviver, Ezequiel? É uma resposta difícil para mim; o Senhor é quem sabe! Abre a boca e profetiza a minha Palavra. Esta é a ordem!

AUTOANÁLISE

_____

_____

_____

_____

_____

_____

_____

_____

_____

_____

_____

_____

_____

_____

E se Deus
Quiser Perdoar?

Mas isso desagradou extremamente a Jonas, e ele ficou irado. E orou ao Senhor, e disse: Ah! Senhor! Não foi esta minha palavra, estando ainda na minha terra? Por isso é que me preveni, fugindo para Társis, pois sabia que és Deus compassivo e misericordioso, longânimo e grande em benignidade, e que te arrependes do mal. Peço-te, pois, ó Senhor, tira-me a vida, porque melhor me é morrer do que viver. Jonas 4:1-3

Quando Jonas entregou a Palavra, o coração do rei se quebrantou e seus súditos se humilharam dizendo: "eu me arrependo." Jonas sentou e disse para Deus: "viu só?"

Este é o X da questão. É neste ponto que ele manifesta a amargura. É aqui que "o grande" na palavra de Deus despenca e revela o que está escondido.

"Tá vendo? É por isso que eu não queria vir. O Senhor é

muito bom! O Senhor é misericordioso e tardio em irar-se; grande em amor".

Gente! Jonas pregou arrependimento, mas não queria ver a mudança acontecer. Ele profetizou: "muda!", mas a expectativa era que houvesse juízo. Jonas nutria no coração uma ira tão terrível; um sentimento de vingança tão forte, que não permitia que ele raciocinasse direito. A amargura cega e vai corroendo o que é saudável. E o pior da amargura é que é como cheiro de ovo podre, quem está amargurado não percebe que está, quem sente é quem está de fora. Aquele tipo de gente ranzinza... de mal com a vida.

Você diz: "Oi, amada"; e ela responde: "Que é que tá olhando pra mim? Vai resolver meus problemas?" Desculpa...

Você pergunta: "Você está bem?". E respondem: "Estou ótima! Estou muito bem! É Deus quem não está legal".

Como perdoar essa *raça*?

Olha aqui, Jonas. Você quer monopolizar o amor de Deus? Pare e pense um pouco na compaixão e paciência que Deus tem tido com você.

Mas o tal do Jonas continuava reclamando: "Viu só? É por isso que eu não queria vir. Ele ia perdoar mesmo!" Ele pregava "arrependam-se", mas realmente não desejava que o povo mudasse.

Sinceramente, o que está escondido dentro do seu coração? As raízes da amargura logo se manifestam: o ressentimento, a murmuração; e esse desejo enorme de ver Deus punir.

Infelizmente, há pessoas que se alegram ao receber a notícia de que alguém que o lesou ou prejudicou, caiu. E a conversa é esta: "Viu só? Quem mandou mexer comigo?" ou "Comigo é assim. Mexeu, Deus cobra mesmo!"; "É só eu dobrar o joelho para Deus bradar". A pergunta é: isso é coisa de crente ou de feiticeiro?

Certa vez ouvi uma irmã pedir a oportunidade para contar uma bênção. Sabe qual foi a bênção dela? "Gente, é o seguinte: Deus é muito bom comigo. Tentei tirar minha habilitação e não consegui passar. Ainda bem, viu? Porque eu discuti com a irmã "fulana" e Deus sabe que se eu tivesse com um carro na mão eu ia passar por cima. Ia mesmo".

Eu fiquei inerte; em choque! Como ela tem coragem de dizer que isso é uma benção para ser contada? Se você se alegra com a má notícia de quem te prejudicou, com certeza tem muita coisa para ser mudada aí dentro.

Se você hoje está nutrindo este sentimento, esta expectativa de uma hora ver o juízo... precisa se perguntar: e se Deus quiser perdoar?

Repito: e se Deus quiser perdoar?

Veja o que aconteceu com Jonas. Ele se assentou debaixo de uma aboboreira querendo ver o que ia acontecer. Como qualquer um de nós, ele se alegrou extremamente com a sombra que a aboboreira lhe proporcionava; e Deus permitiu que ele se alegrasse com aquele conforto. "Que delícia de sombra, não é mesmo, Jonas?"

De repente, Deus permitiu que um bichinho subisse e consumisse o conforto dele. Com o sol quente, a medida em que a aboboreira ia sendo consumida, Jonas despertou e fez a seguinte pergunta: "cadê minha aboboreira?".

Sua ira acendeu-se rapidamente e foi visível a frustração do profeta. De tão indignado, ele questionou a Deus: "Por que não me mata logo?". E a pergunta de Deus foi bem objetiva: "Você tem razão para estar assim? Com dó do que perece?" "Foi você quem plantou, Jonas? Foi você quem fez crescer, Jonas?"

"Você estava alegre com o conforto e agora está irado. Você tem razão de estar irado assim com o que perece?"

Como aqueles crentes que dizem: "Senhor, podes tirar tudo de mim... mas não tira *aquilo* se não eu desvio, hein!". Tem gente que fala isso com atitudes e o pior é que tem dó do que perece, mas não consegue olhar para o seu semelhante e dizer "Te amo... você está precisando de mim?".

Tem gente que pega bicho na rua e coloca dentro de casa (não tenho nada contra); coloca o cachorro para dormir junto na cama, beija o focinho do bicho, mas não consegue abraçar alguém e dizer: "Vem cá; estou aqui para abençoar sua vida".

Eis aqui a lição contra tanto ressentimento. Deus só queria ensinar a Jonas que a compaixão que ele estava sentindo por aquele vegetal não se comparava com a compaixão que Ele sentia pelas cento e vinte mil pessoas de Nínive que não sabiam discernir a mão esquerda da direita.

Deus queria dividir com Jonas a compaixão que sentia por eles; queria que Jonas os enxergasse com os Seus olhos e que, como profeta, tivesse paciência com eles, pois eles estavam em processo de crescimento como o próprio profeta estava.

Cada pessoa com quem nos relacionamos é uma chance de provar o quanto amamos a Jesus. Assim, é necessário ter paciência com o próximo, porque ele também está em construção.

É necessário perdoar, ajudar, abraçar e amar, porque Deus está nos tratando. Todavia, também é necessário ter coragem de se derramar diante de Deus e dizer "eu preciso de mudança" e "como barro nas tuas mãos, pode quebrar minha vida e fazer de novo".

É necessário ter coragem para reconhecer que está sujo e que precisa ser limpo e que está nutrindo um sentimento que está arruinando sua vida. Tendo a ousadia para reconhecer, você encontrará paz para dar frutos no reino.

Assim, não deixe este pecado entrar e permanecer no seu coração a ponto de deixar sua terra estéril. Não deixe o ódio e a amargura te segurar a ponto de continuar vivendo do mesmo jeito. É hora de se quebrantar e dizer para Ele: "pode me mudar", se você tiver coragem.

Libere os ninivitas e, tão certo como vive o Senhor, teu olhar para eles vai mudar.

Você vai olhar para eles de modo diferente, e então vai entender com propriedade o que Paulo disse aos irmãos de Corinto:

> *Porque as armas da nossa milícia não são carnais, mas sim poderosas em Deus para destruição das fortalezas.*
> *2 Coríntios 10:4*

Você pode dar um basta nesses sentimentos. Pode ser do seu jeito ou pode ser do jeito de Deus. Mas Ele quer tratar com você, assim como tem tratado comigo.

Deixe-me compartilhar com você mais uma experiência:

Quando meu pai abandonou minha mãe, éramos muito pequenos. Eu cresci revoltada com ele. Nós passamos fome e moramos na rua. Minha mãe chegou ao ponto de precisar pegar comida no lixo.

Nós morávamos num barraco na cidade de Guarulhos, na grande São Paulo. Era chão pisado; de lama mesmo. Toda vez que eu sentia fome ou dor, eu atribuía a culpa ao meu pai. Até o dia em que eu aceitei a Jesus.

Agora, crente, salva, dizia para mim mesma: "meu pai está liberado; meu pai está perdoado!".

Até que engravidei do Xande e, numa quarta-feira, disse a Deus: "Ah, eu queria tanto ver meu pai; saber o que é ter um pai por perto".

Um certo dia, meu pai me ligou do Recife — onde mora — e disse que estava vindo para São Paulo e queria ficar na minha casa. Eu fiquei muito alegre, preparei uma cama para ele e lhe ofereci uma recepção confortável.

Eu disse para minha mãe: "Mãe, meu pai está mudado... é uma outra pessoa". Ela disse: "ele é falso..." E eu pensava comigo: "Minha mãe está é com ciúmes."

Tudo foi bem tranquilo até meu pai colocar o primeiro gole de bebida na boca.

Eu dizia para mim mesma que ele estava perdoado. Especialmente porque eu já tinha crescido, casado e estava muito feliz. Certo dia, perguntamos por que ele gostava tanto de beber e ele respondeu que bebia porque gostava. E então, eu reagi.

Comecei a perguntar para ele: "pai, então foi porque você quis que destruiu a nossa infância?" Já estava tremendo.

"Quer dizer que, porque você quis, destruiu a minha referência de homem?"

Gente, comecei a falar coisas que eu não tinha noção que estavam aqui dentro do meu coração. Meu pai olhou para mim e disse: "eu sabia que um dia isso ia acontecer".

Ele se levantou, não falou mais nada, e eu fui chorar o peso das coisas que disse a ele.

Para todos os efeitos, eu já tinha perdoado. Até isso acontecer, e Deus mostrar para mim que era só uma máscara que eu usava para cobrir aquele sentimento.

Foi então que descobri a Isa que canta, que prega, que quer abençoar a todo mundo, mas não está sarada. Aquela que fala de perdão porque a pessoa está longe. Que fala de tolerar porque não está vivendo na pele... agora é hora de viver o que prega e pregar o que vive!

E quer saber de uma coisa? Não tem preço subir ao altar, pegar o microfone e ter paz para transmitir a Palavra, sabendo que não há demônio para me chantagear porque eu não preciso mais de máscaras; eu posso te entregar a Palavra e voltar para casa em paz. Totalmente em paz!

Meu pai foi embora para Recife e não me disse tchau. Dias depois, ligou para minha vó e mandou um recado: "diga para a Isa que não quero vê-la nunca mais; só no juízo final".

"No juízo final? Não! Eu não vou para o juízo final. Está repreendido!" Fui chorar... "Meu pai está perdoado, Senhor".

Com toda a minha alma, rasguei meu coração como nunca tinha feito.

Um tempo depois, me ligaram de Pernambuco. Era um

convite para pregar. Na conversa, perguntei para quem me convidava: "Cabo de Santo Agostinho... é perto daí?". A irmã me respondeu que ficava a dez minutos dali. Vi uma oportunidade para visitar meu pai.

Ao chegar, soube que meu pai estava doente. Ele, que era um homem tão bonito, estava também sem os dentes e morando numa casa muito velha. Comecei a pensar no que Deus estava fazendo na minha família.

Meu prazer foi pegar parte da oferta que os irmãos me deram e comprar os dentes do meu pai. Ele estava no outro cômodo e eu pude ouvi-lo comentando com a esposa: "minha filha vai cuidar de mim!"

Enquanto isso eu estava em prantos no outro cômodo, pois a razão me dizia: "abandona!"; "deixe ele pagar por tudo o que fez"; "já que ele não cuidou de vocês lá atrás, deixe-o comer o pão que o diabo amassou". Todavia, dentro de mim havia um sentimento mais puro, mais sublime; maior que qualquer outro sentimento que vem para corroer o que está saudável.

Graças a Deus pelo novo coração que Ele tem disponibilizado para nós através de Cristo Jesus! Depois de ter cuidado do meu pai, voltei para casa. Mas não sem antes chamá-lo para ir à igreja comigo. Fico feliz pela lembrança de que a primeira vez que meu pai foi à igreja comigo tenha sido na igreja de Recife.

Quando acabei de pregar, meu pai me disse: "menina... você fala umas coisas; esse povo não fica com raiva de você, não?"

- Pai, eles podem até ficar; mas se Deus falou, eles vão ter que ouvir!

Infelizmente, meu pai ainda não quis aceitar a Jesus naquela oportunidade.

* * * * *

Já fazia um ano que eu estava orando, evangelizando meu pai com obras e através de um perdão sem reservas. Nunca precisei dizer mais nada a ele depois daquele tratamento que Deus me deu. Não precisei voltar a falar dos assuntos do passado. Só a atitude de perdoar foi suficiente.

Num domingo, eu liguei para ele, e quando ele atendeu ao telefone e eu pedi sua bênção, ele disse: "Deus te abençoe, filha; e, olha, agora é a paz do Senhor para o seu pai, viu, menina?" Pense numa alegria ao receber aquele presente de Jesus!

Há um ano meu pai está servindo a Jesus, e quando eu ligo ele diz "tô indo pra igreja, filha" ou "já tô com a Bíblia preparada; estou evangelizando e orando por vocês". Com isso, só meu irmão que tinha o coração mais endurecido ainda precisava ser salvo. E, graças a Deus, há pouco tempo ele também foi salvo!

Essas minhas experiências mostram que aquilo que o céu vai tratar dentro de você não é só para te trazer paz aqui, mas também frutos permanentes na vida de quem convive com você.

Eu não sei qual é o desejo do seu coração enquanto lê este livro, mas estou certa de uma coisa: se você tiver coragem para dizer que não pode permanecer com o coração como está, Deus vai te transformar. E então, esta transformação vai tocar a vida de todos ao seu redor.

Você vai sorrir mais. Você vai voltar a liderar. Você vai voltar a pregar, a servir. Você vai voltar a dizimar.

Alguém te acusou do que você não fez, e então você disse que não serviria mais. Mas você vai olhar para os liderados com outros olhos.

Prepare-se para as surpresas de Deus na sua vida. O reencontro será melhor do que você esperava. Não podemos falar de comunhão com Deus se não temos comunhão uns com os outros. Não dá para falar de amor se não conseguirmos amar.

Não dá para se endurecer contra Deus e ao mesmo tempo ter paz. Portanto, é melhor ceder agora. Renda-se agora e veja a transformação que virá sobre sua vida.

AUTOANÁLISE

ANOTAÇÕES

ORAÇÃO

Pai, em nome de Jesus eu venho a ti para reconhecer que meu coração não pode ficar como está. Eu quero uma mesa na presença daqueles que foram meus inimigos; mas quero ter paz para sentar com eles. Eu quero poder olhar nos olhos de quem me feriu e ser uma benção para a vida deles. Portanto, eu escolho receber paz e alegria; o fruto do Espírito Santo.

Retire toda raiz de amargura do meu coração. Toda ira, ódio, rancor e ressentimento. Que toda planta que o Senhor não plantou em minha vida seja arrancada agora.

Eu recebo um coração novo; um coração quebrantado. Eu recebo um novo olhar. Eu recebo a transformação que o Espírito Santo traz sobre minha vida agora, em nome de Cristo Jesus. Amém.

Aplicação Pessoal

_____

_____

_____

_____

_____

_____

_____

_____

_____

_____

_____

_____

_____

_____

FALE COM
ISA REIS

:camera: @missisareis

:facebook: www.facebook.com/Isa Reis Batista

:globe: www.isareis.com.br

:envelope: contato@isareis.com.br / missionariaisareis@hotmail.com

:phone: +55 (71) 99218-3885

OUTRAS OBRAS DA UPBooks

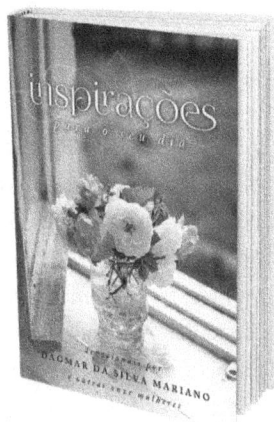

Inspirações para o Seu Dia

Autora: Dagmar Mariano e 11 autoras
Editor: Eneas Francisco
ISBN: 978-85-66941-34-0
224 páginas - 14x21cm

Neste livro, um grupo de 12 mulheres se reúne para inspirar seus leitores através de textos encorajadores.

Por Que Sofremos?
Reflexões sobre a natureza do sofrimento
Autora: Késia Mesquita
Editor: Eneas Francisco
ISBN: 978-85-66941-43-2
168 página - 16x23 cm

Não é difícil assimilar o sofrimento nascido de escolhas erradas, práticas claramente nocivas ou condutas egoístas. Mas o que falar de sofrimentos, aparentemente sem causa?

www.upbooks.com.br

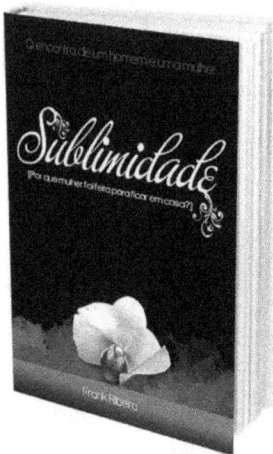

Sublimidade
O encontro de um homem e uma mulher
Autor: Frank Ribeiro
Editor: Eneas Francisco
ISBN: 978-85-66941-12-8
136 páginas - 14x21cm

A mulher é letra, é fonema, é palavra, é frase, é discurso. Quem poderá compô-la (ou decompô-la) enquanto letra? Quem poderá lê-la enquanto palavra? Quem poderá interpretá-la enquanto frase? Quem poderá ouvi-la ou pronunciá-la enquanto discurso? Somente, minimamente, de alguma forma, os homens que deixam o lado feminino da alma ajudar o seu lado masculino.

visite nossa loja:
www.upbooks.com.br

Mordomos do Tempo
Autor: Eneas Francisco
Editora: Carla Montebeler
ISBN: 978-85-66941-33-3
144 páginas - 16x23cm

Depois de entender a importância que Deus dá à administração daquilo que nos concede, vamos passeando por capítulos que nos desafiam a administrar o recurso mais valioso que dispomos: o tempo.

VOCÊ TEM UM LIVRO
PARA PUBLICAR?

Como uma forma de abençoar pastores, líderes e irmãos que tenham material engavetado há muito tempo, a Editora UPBooks lançou o selo Autores Cristãos Independentes, que oferece apoio completo desde o manuscrito até o livro impresso, entregue na casa do autor.

Entre em contato hoje mesmo e saiba como alcançar as pessoas com a mensagem que Deus colocou em seu coração!

Conheça nosso selo
para autores independentes
www.upbooks.com.br

(19) 9 8287-2935
contato@upbooks.net.br

autores cristãos independentes